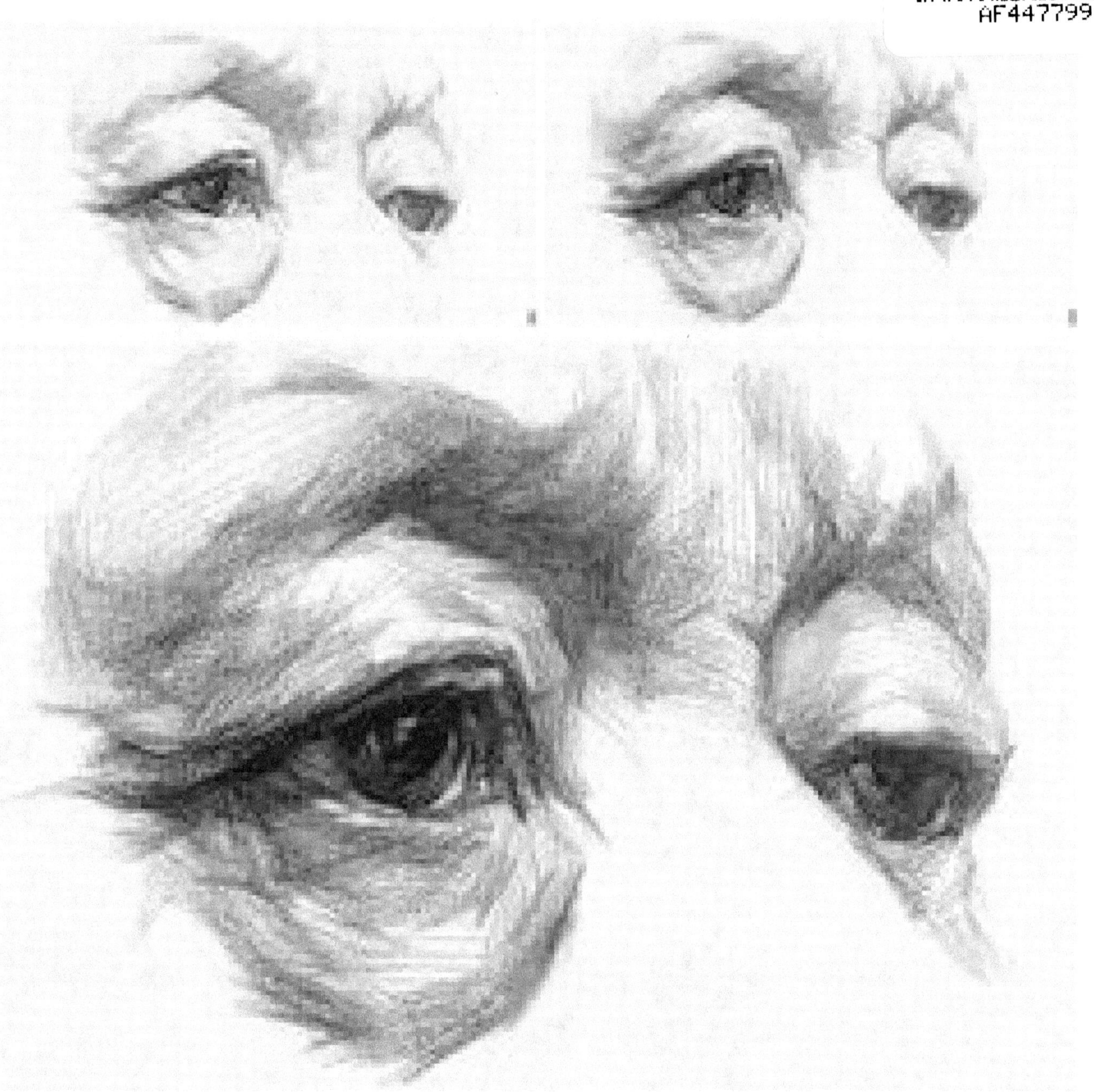

YEUX

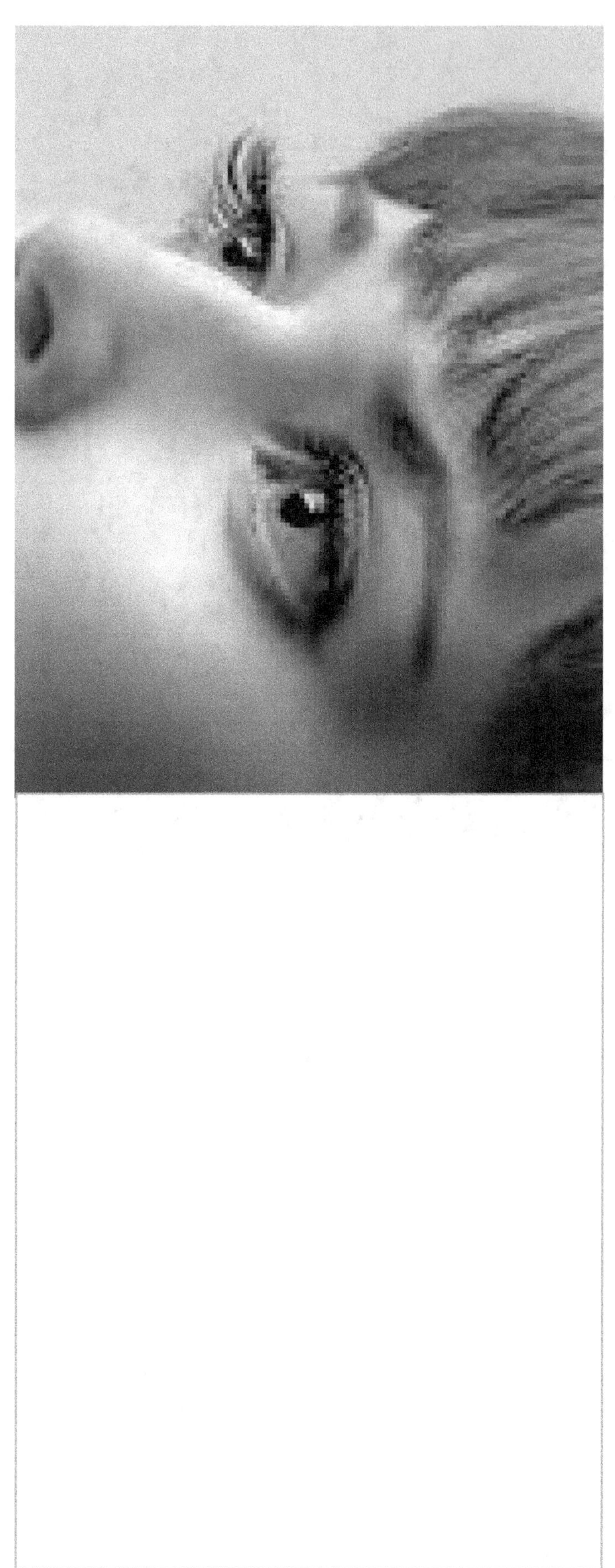

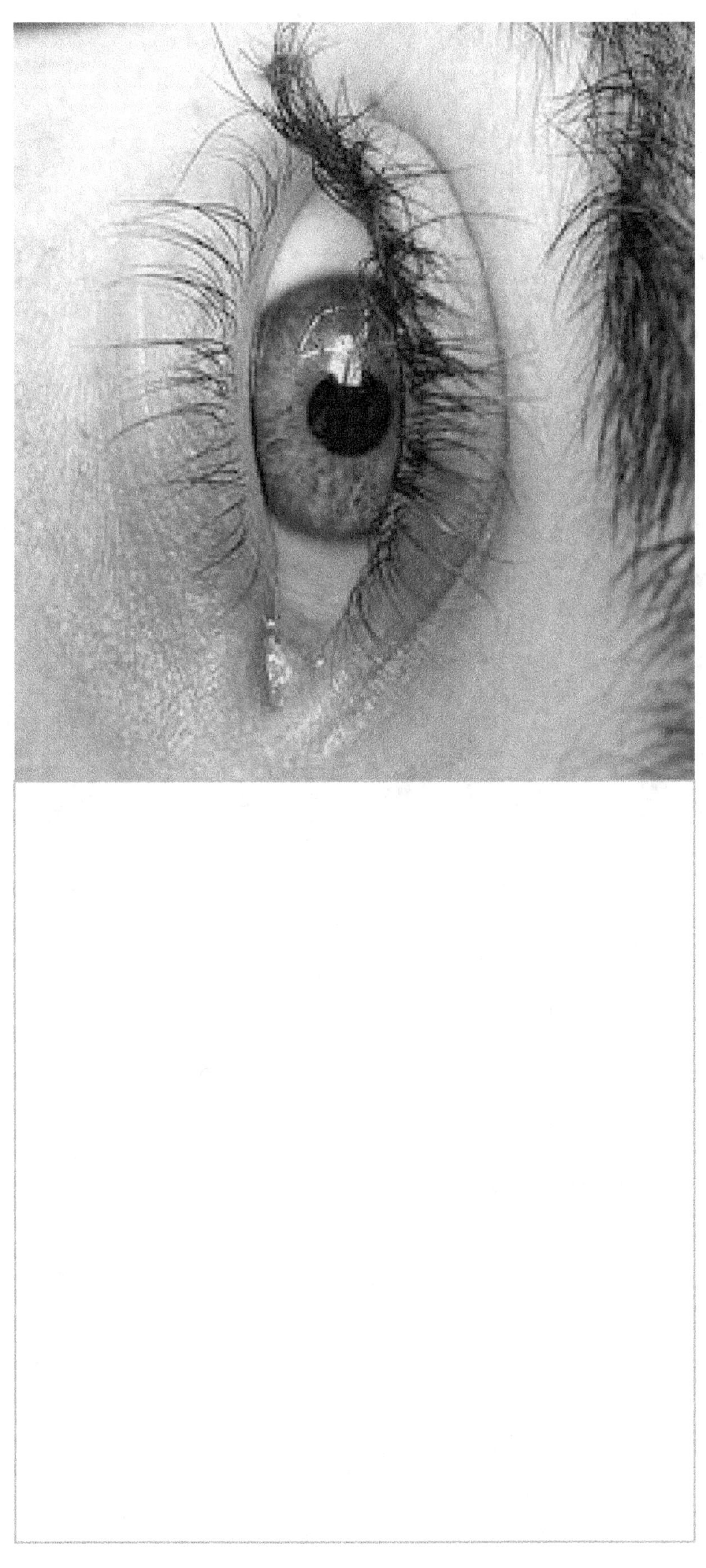

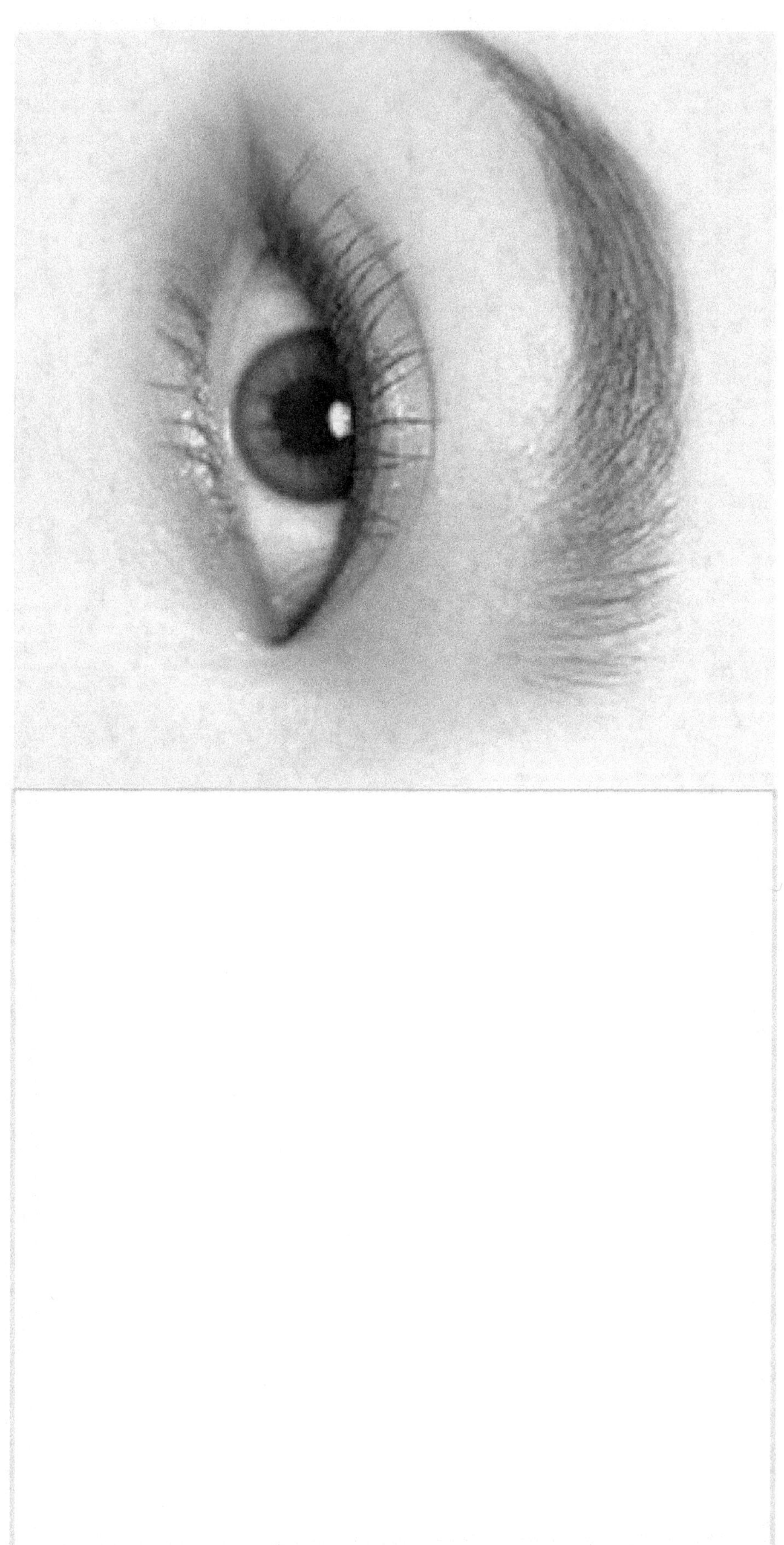

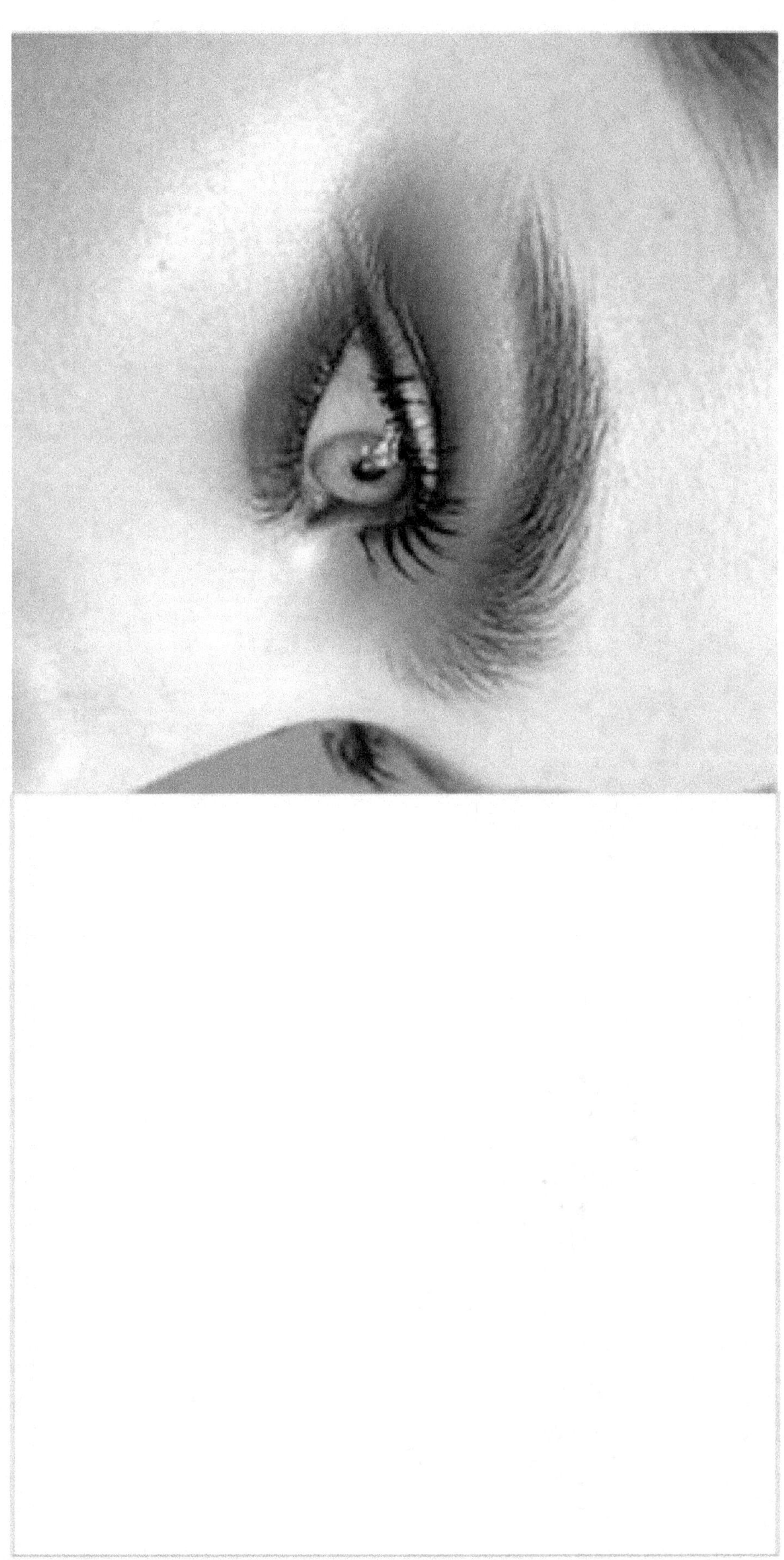

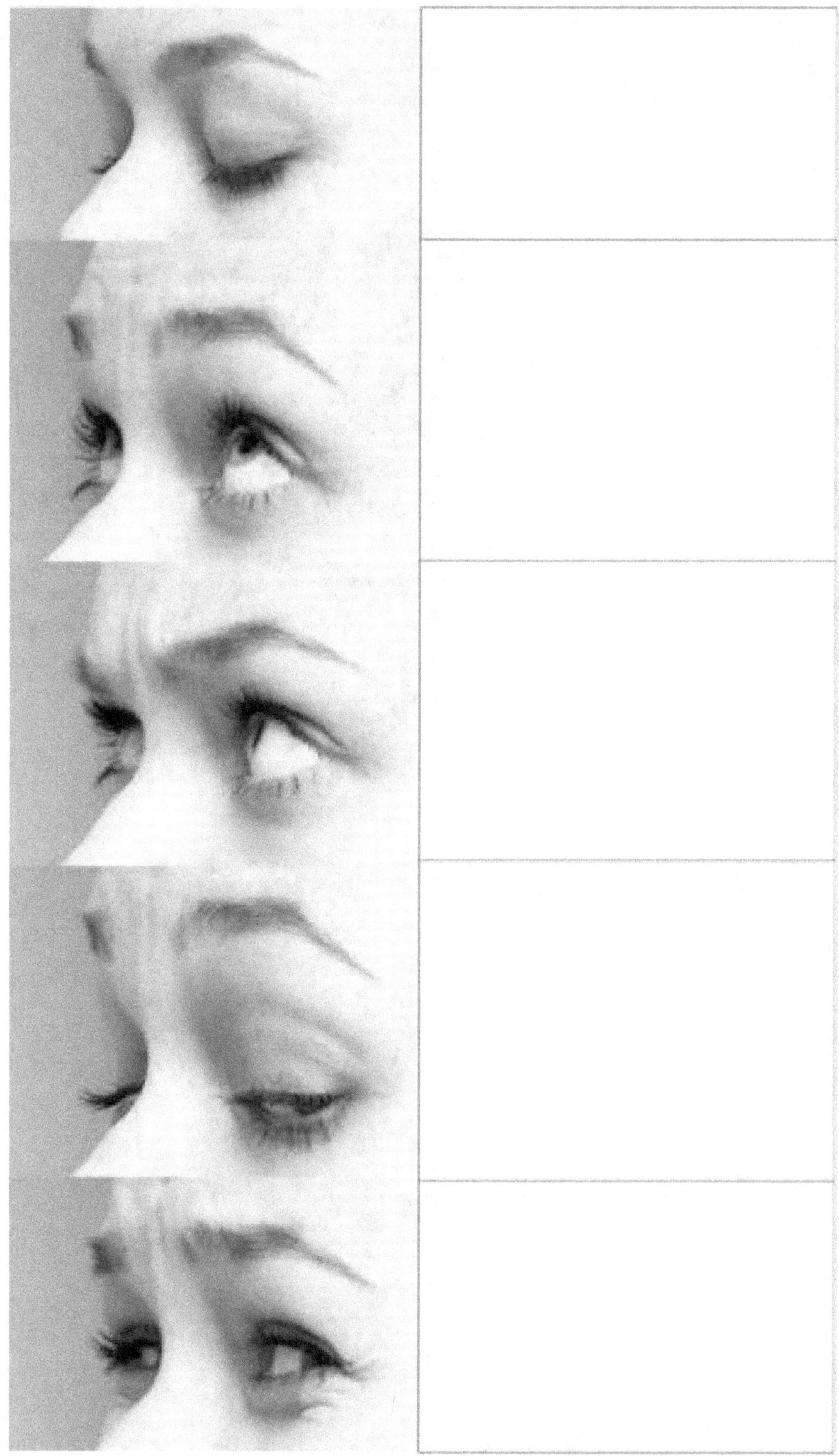

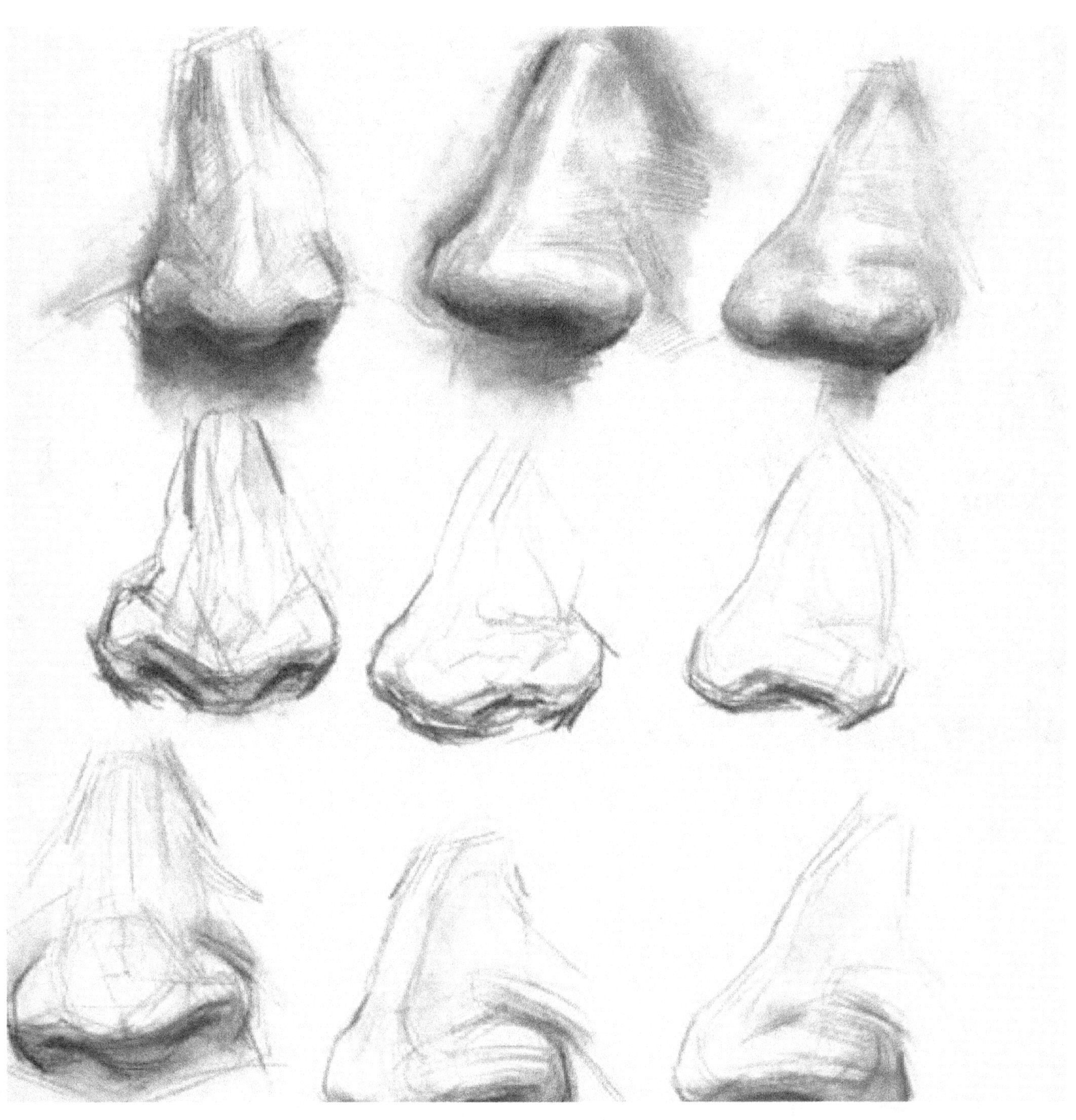

NEZ

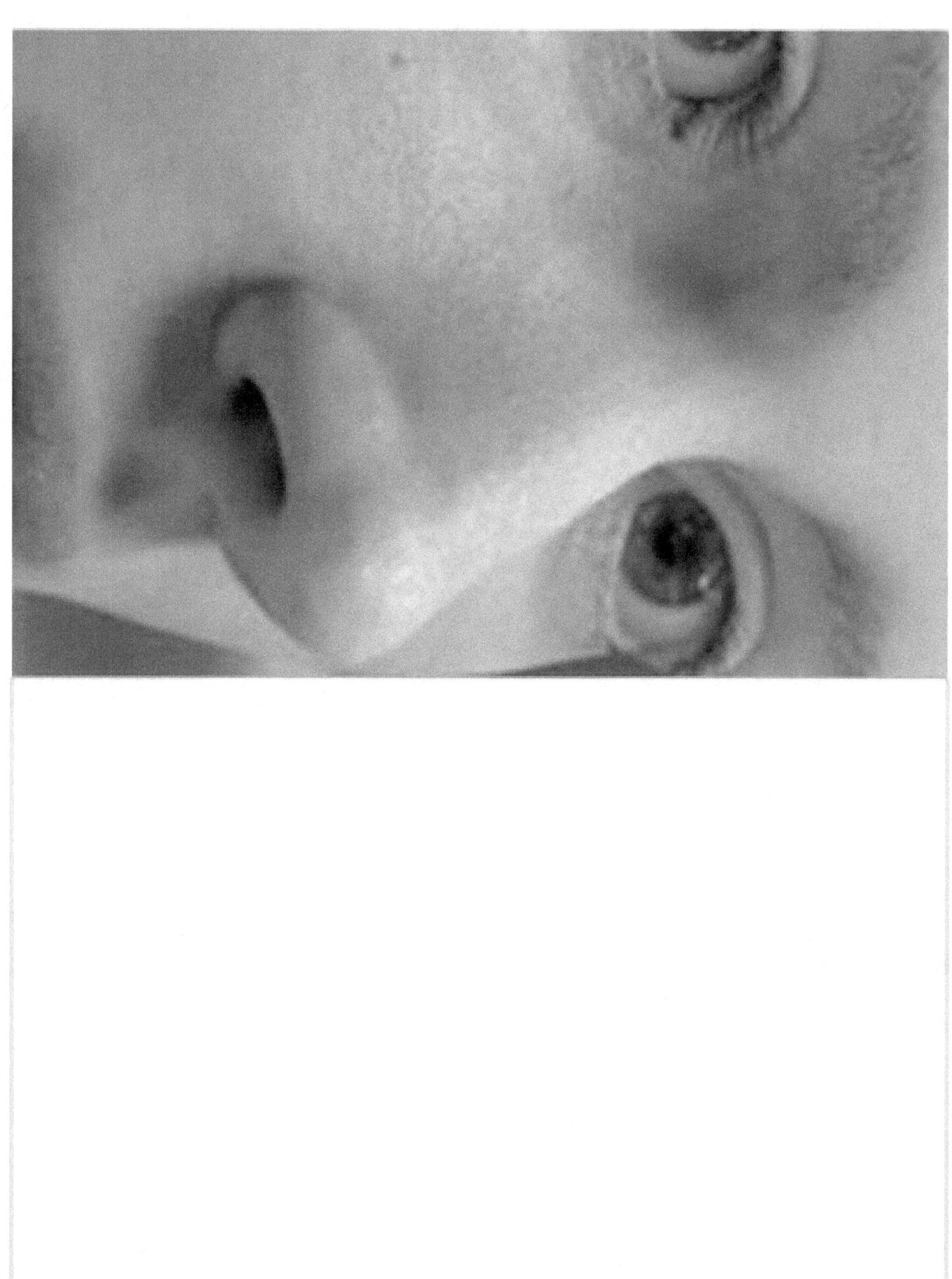

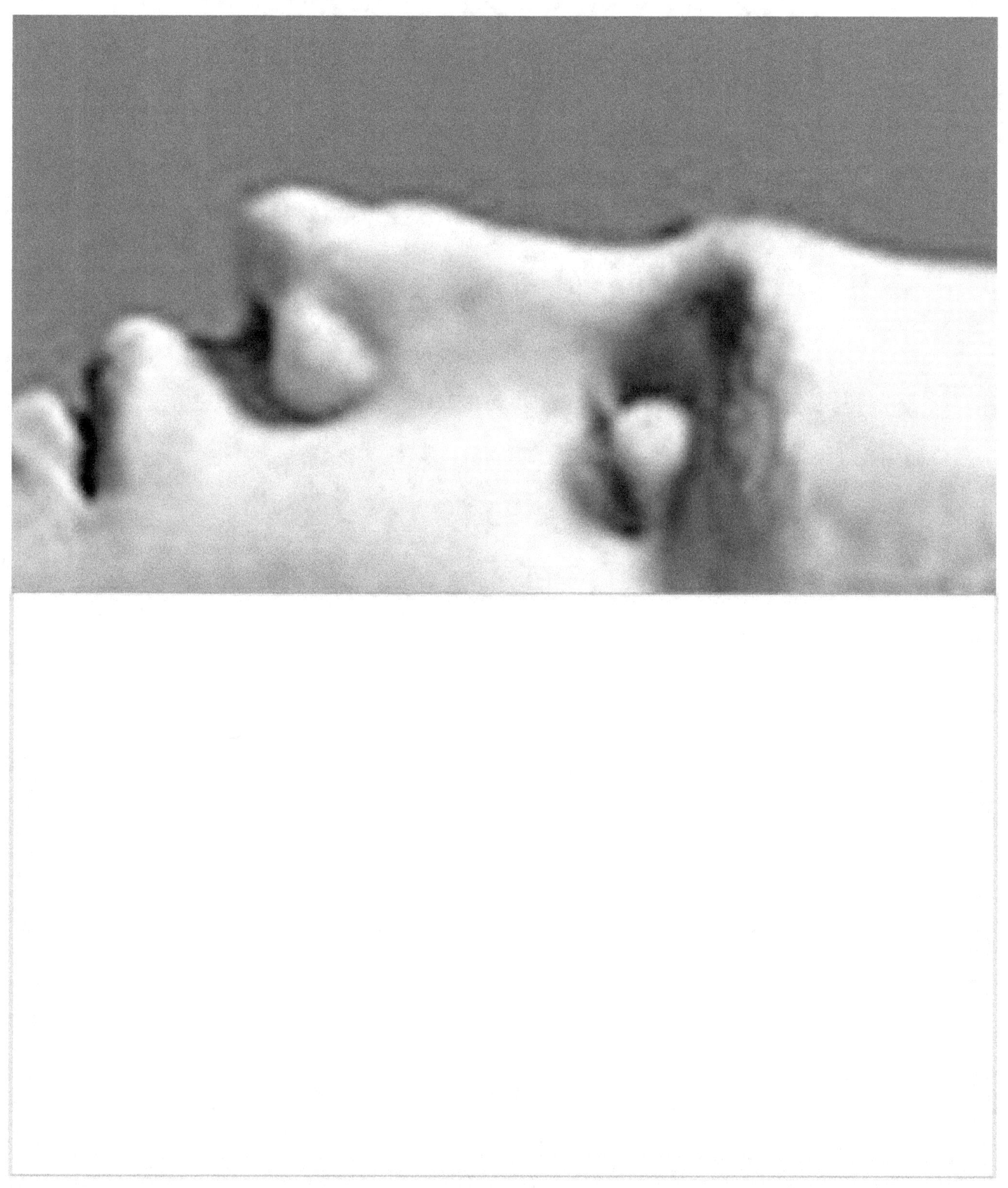

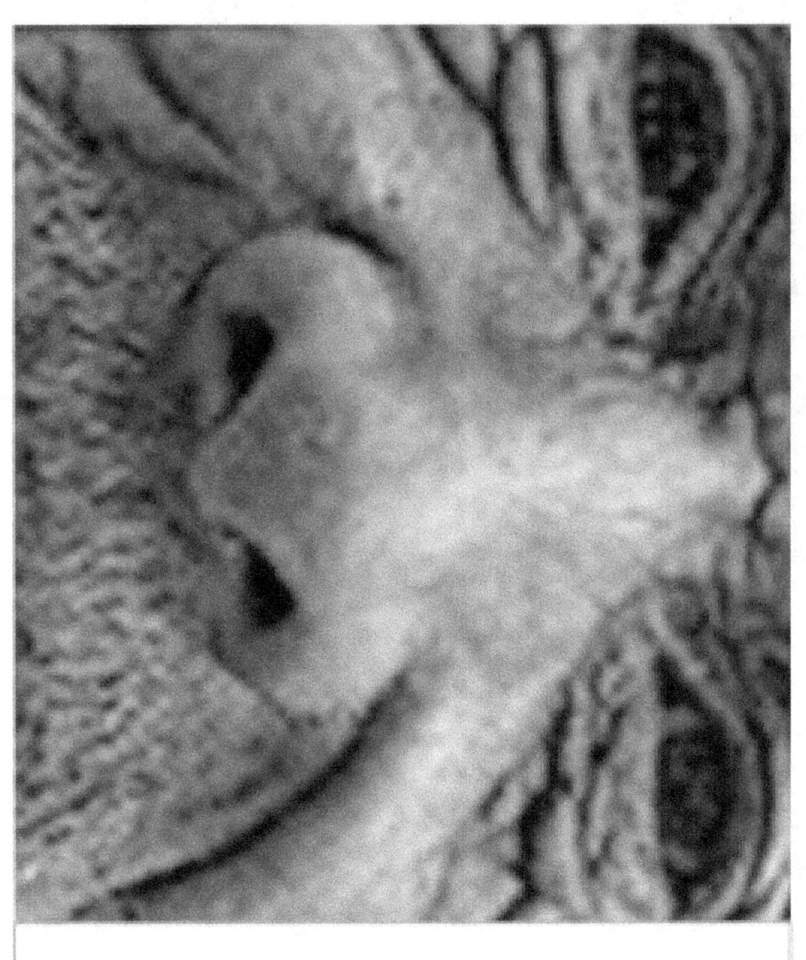

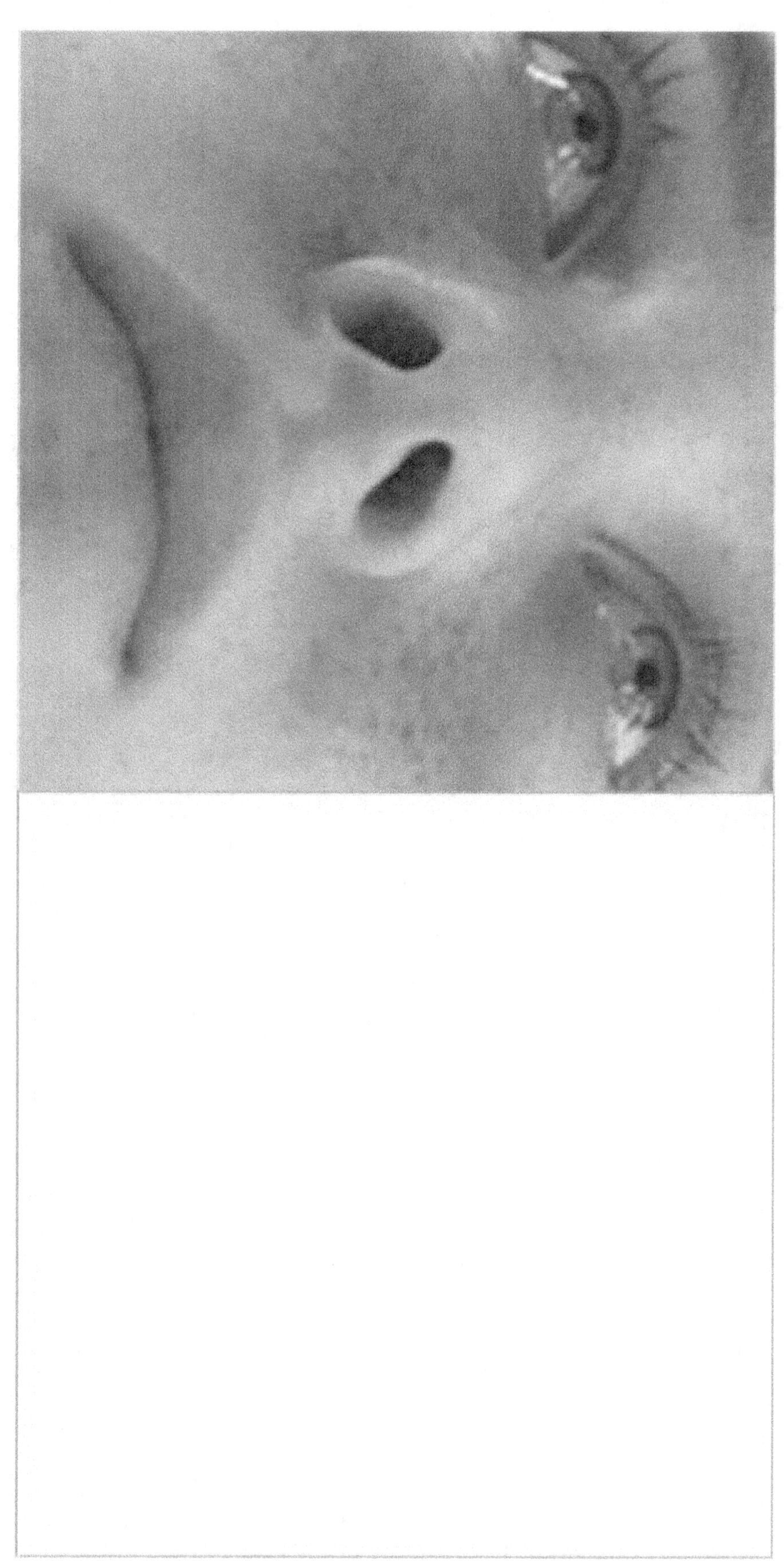

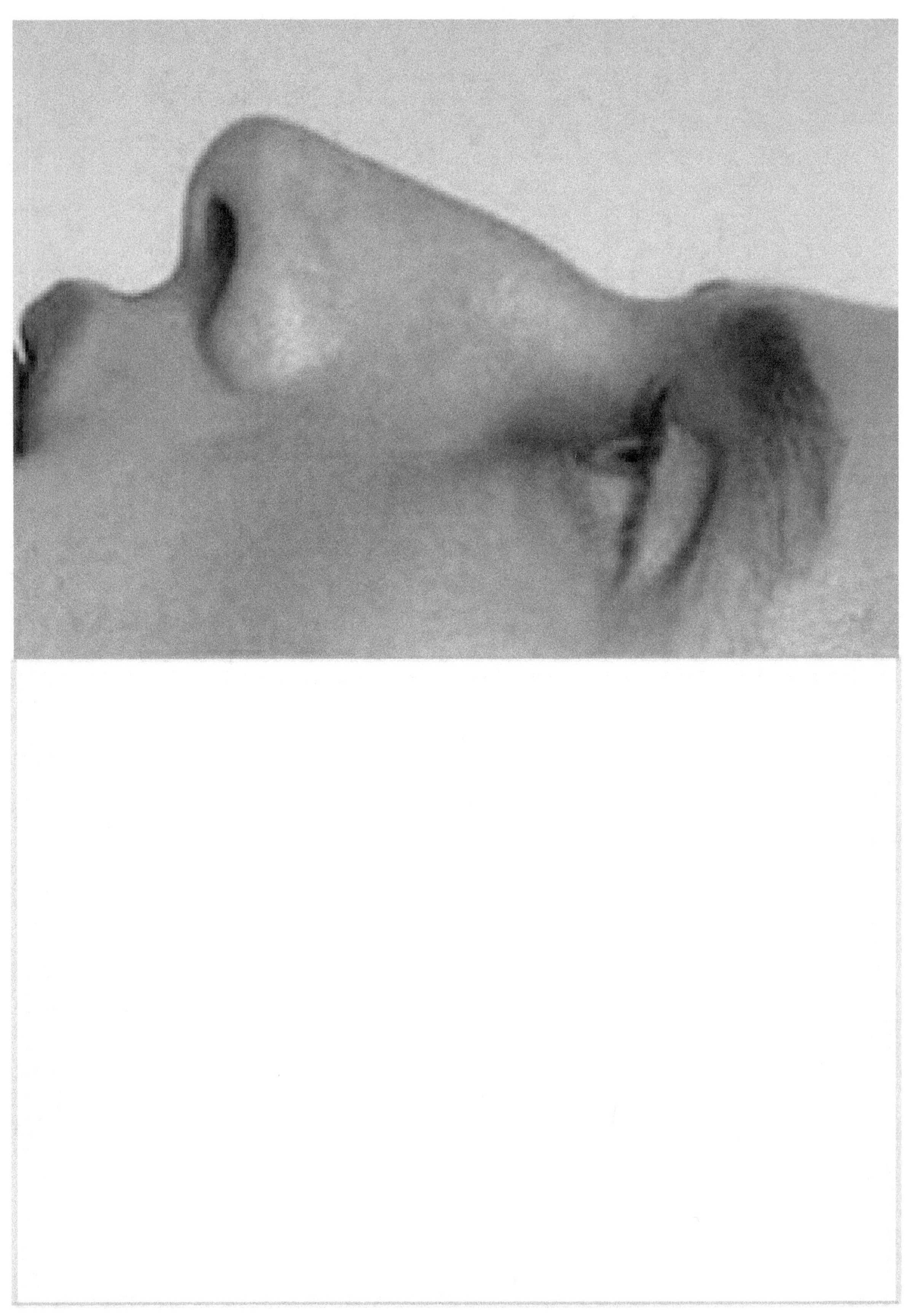

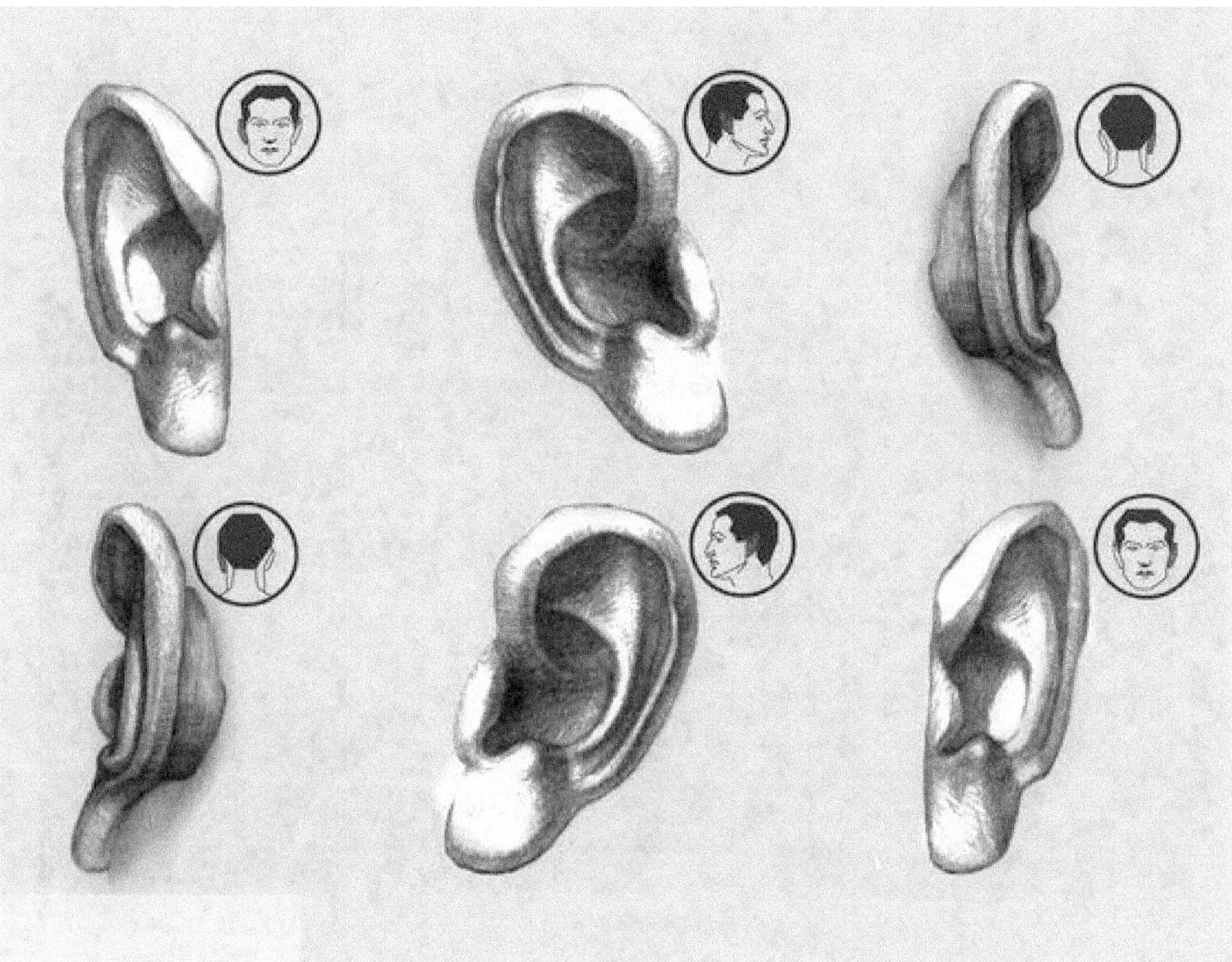

OREILLES

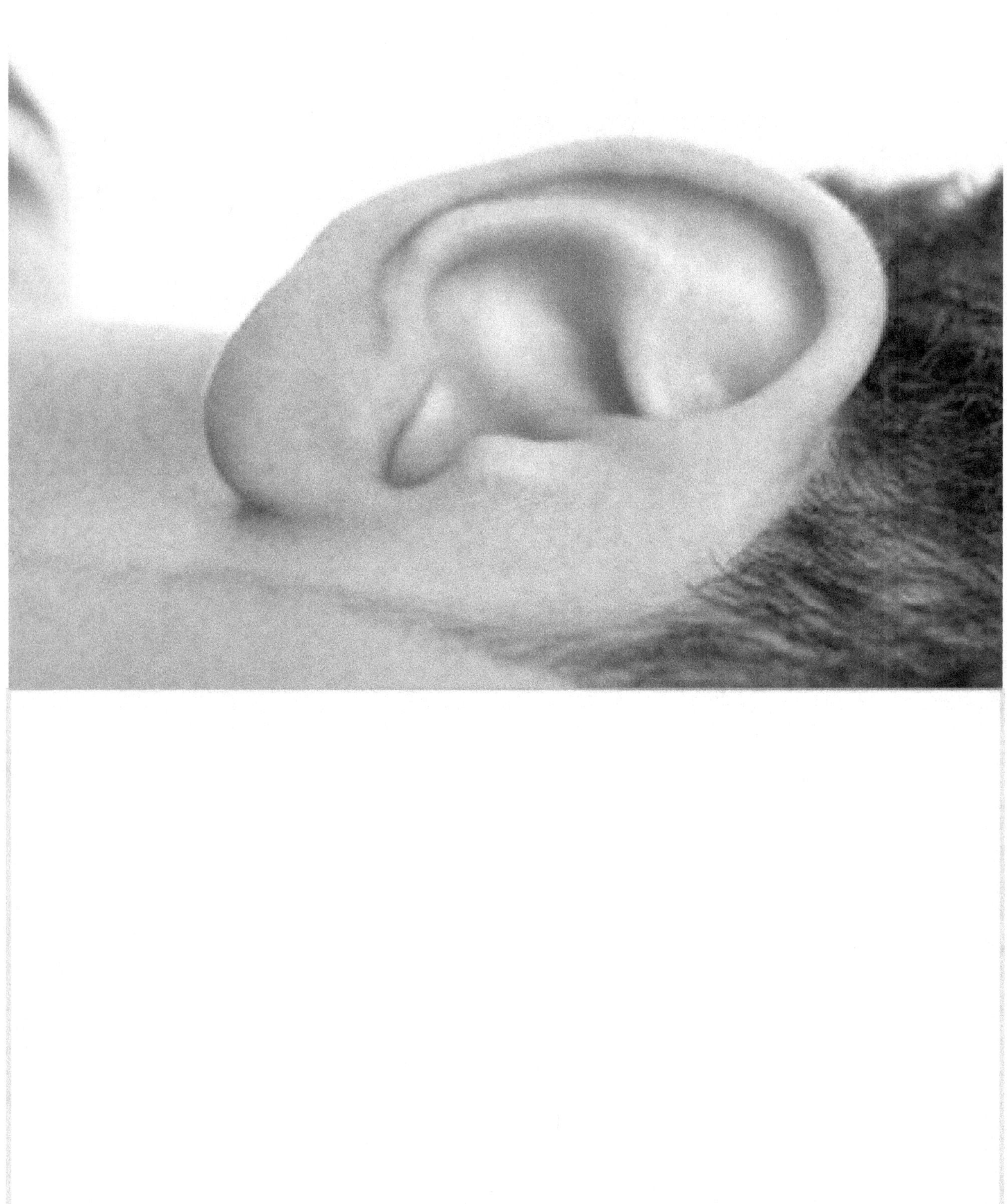

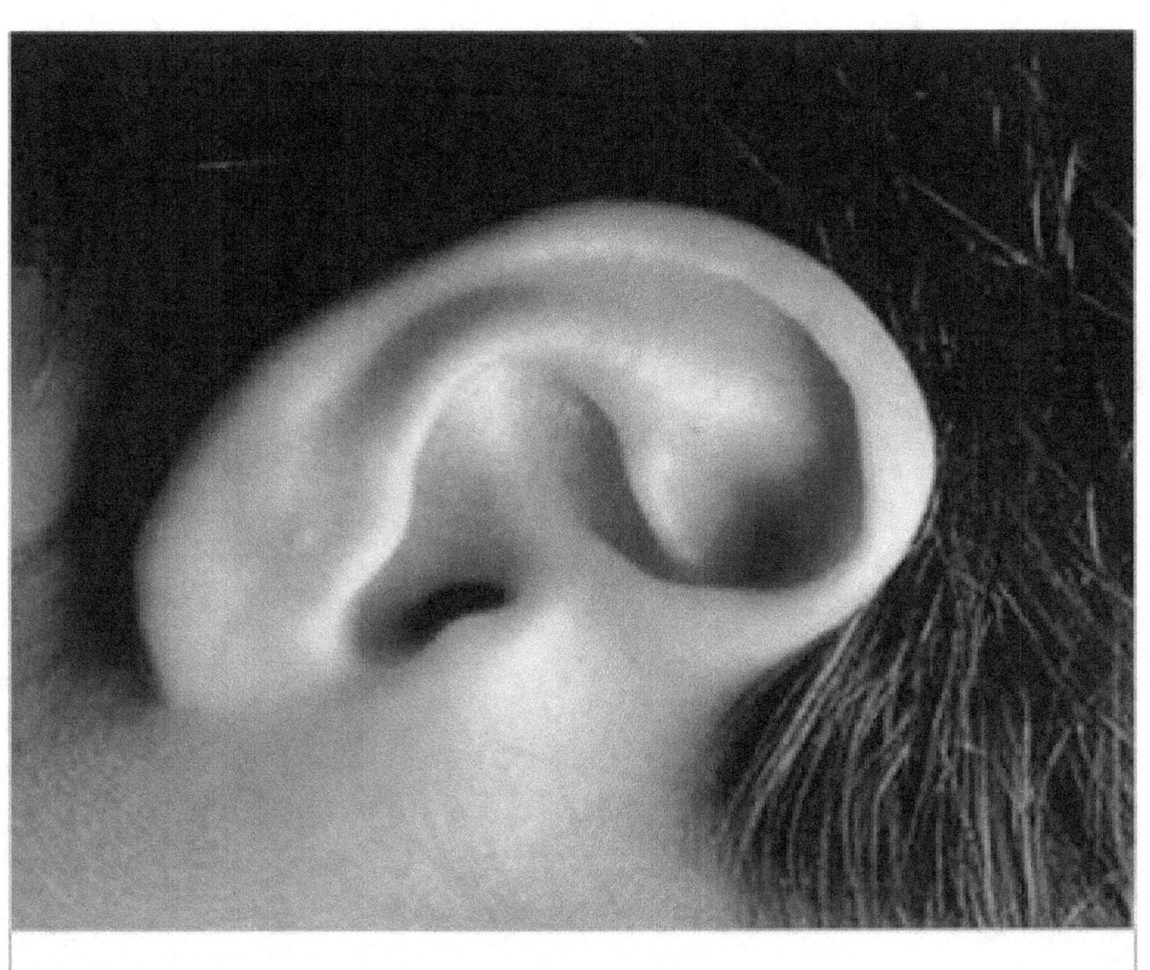

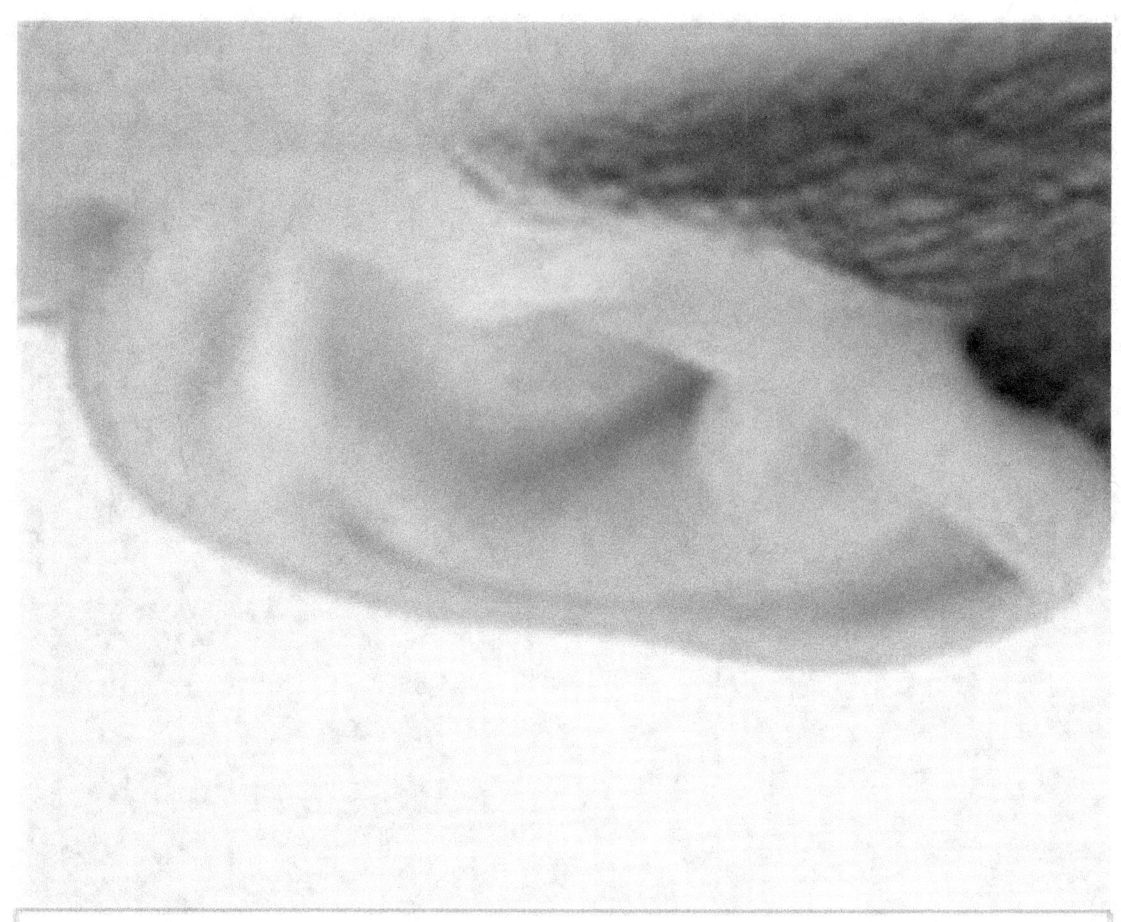

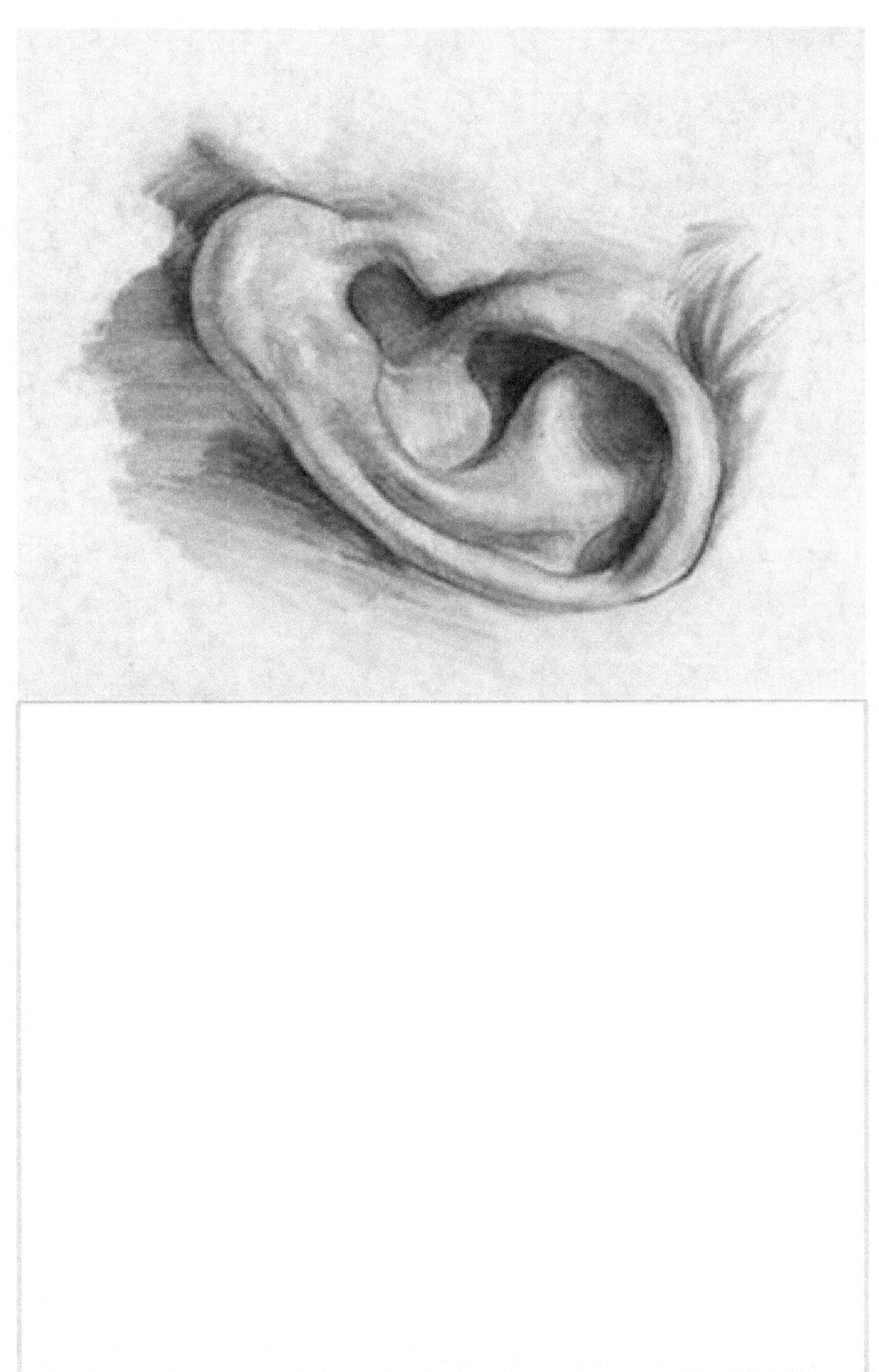

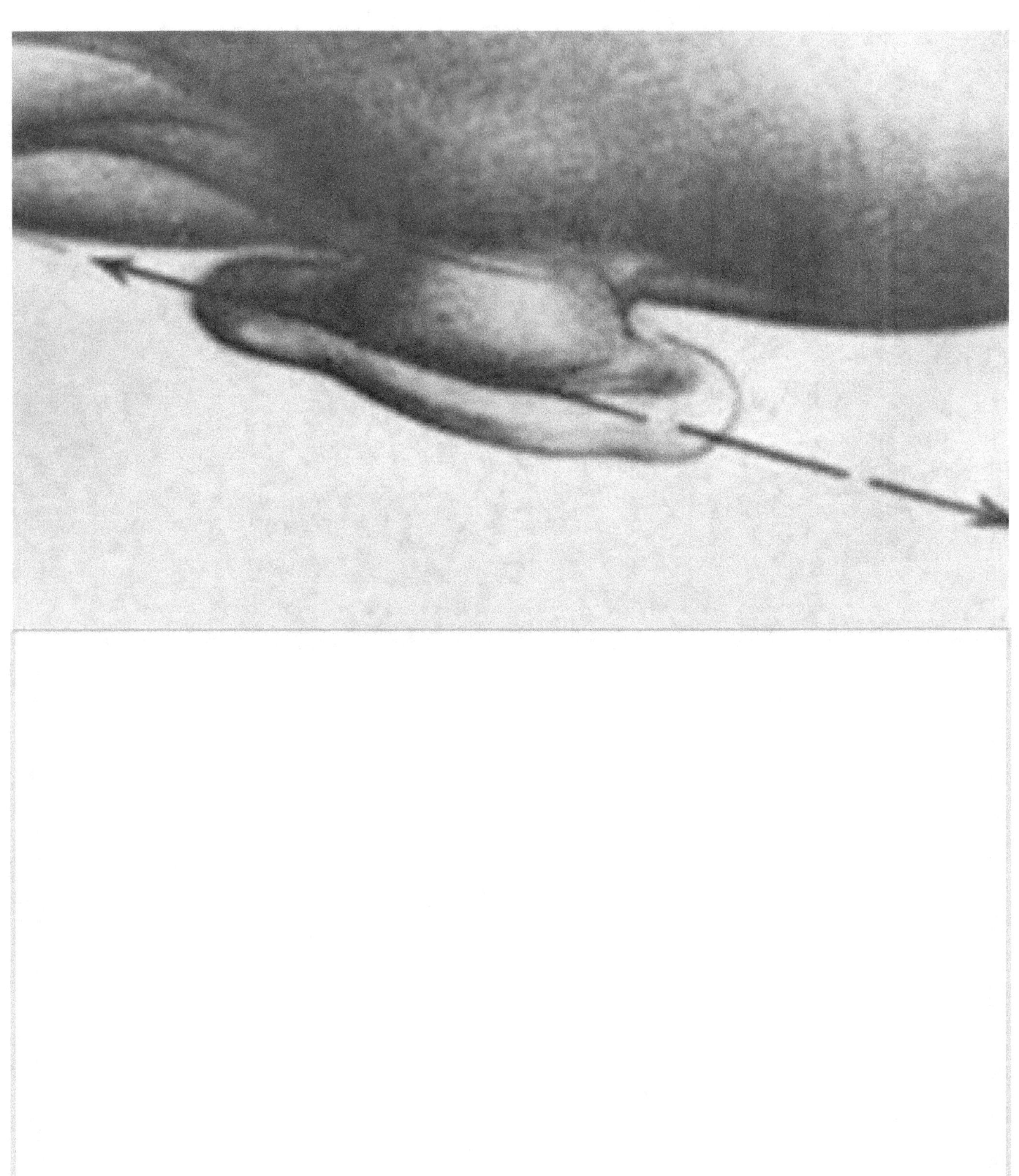

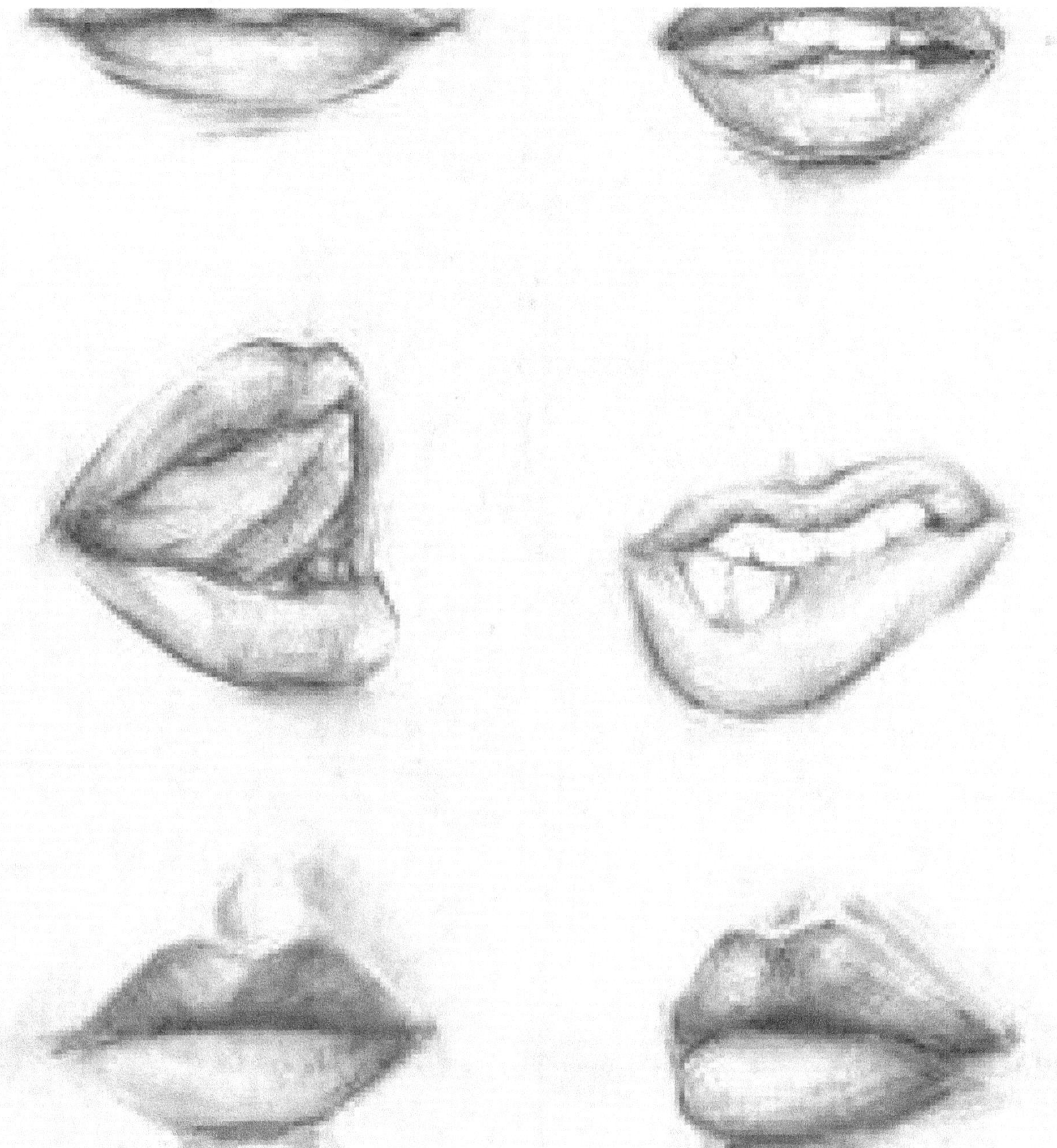

BOUCHE

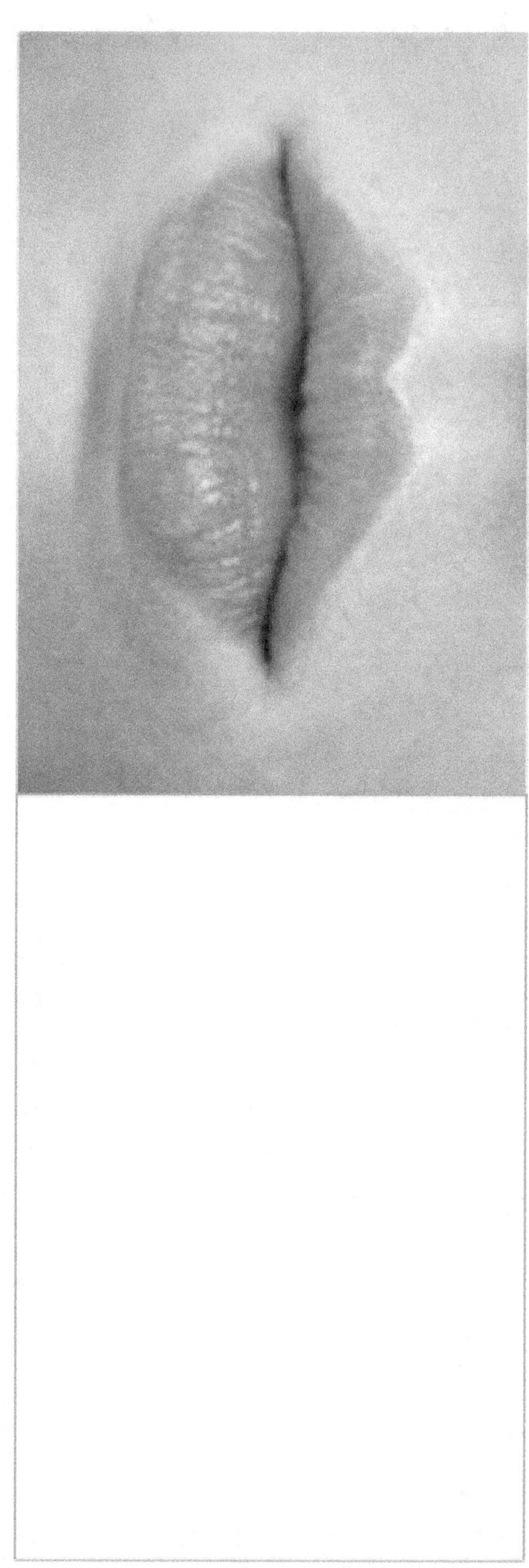

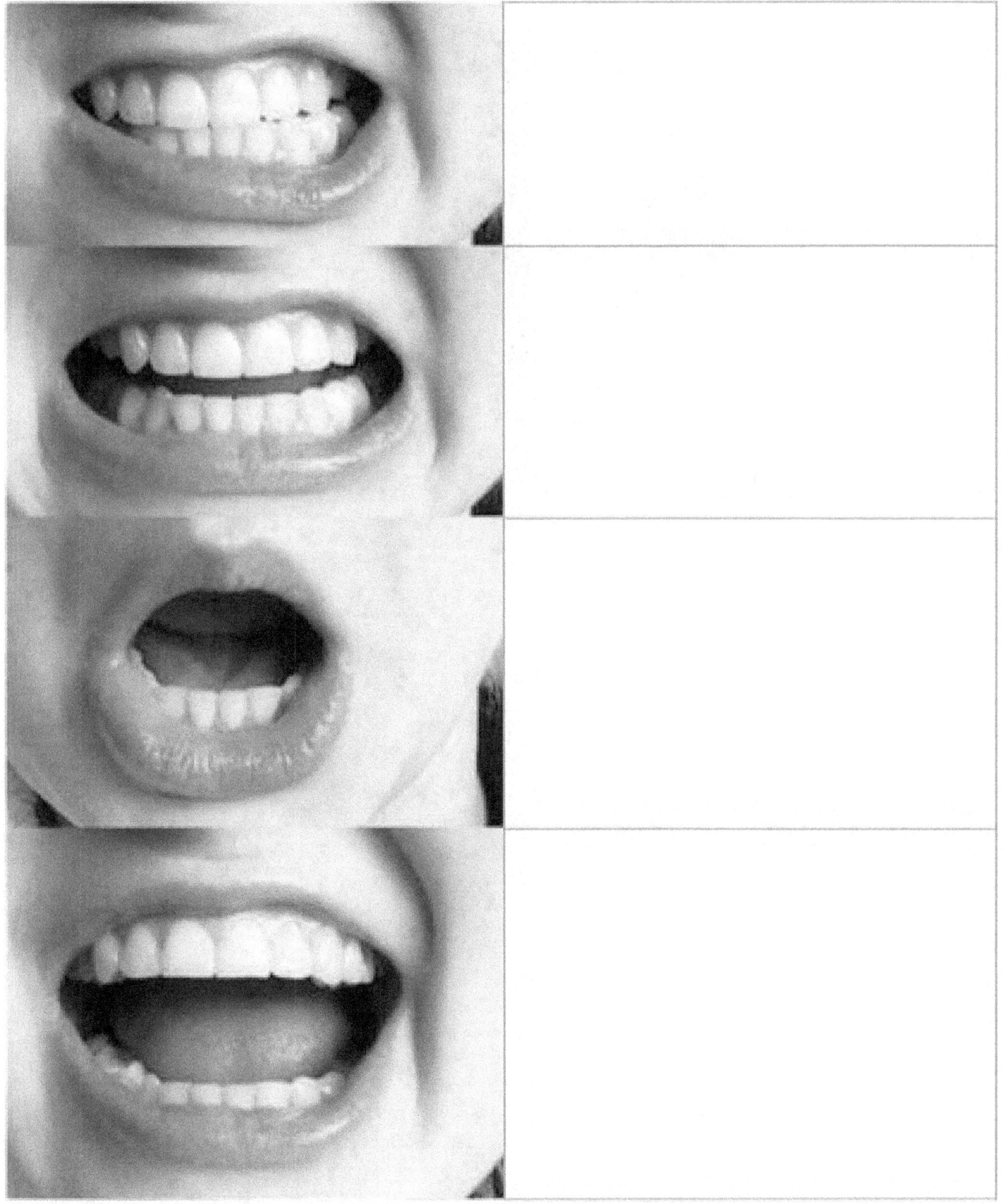

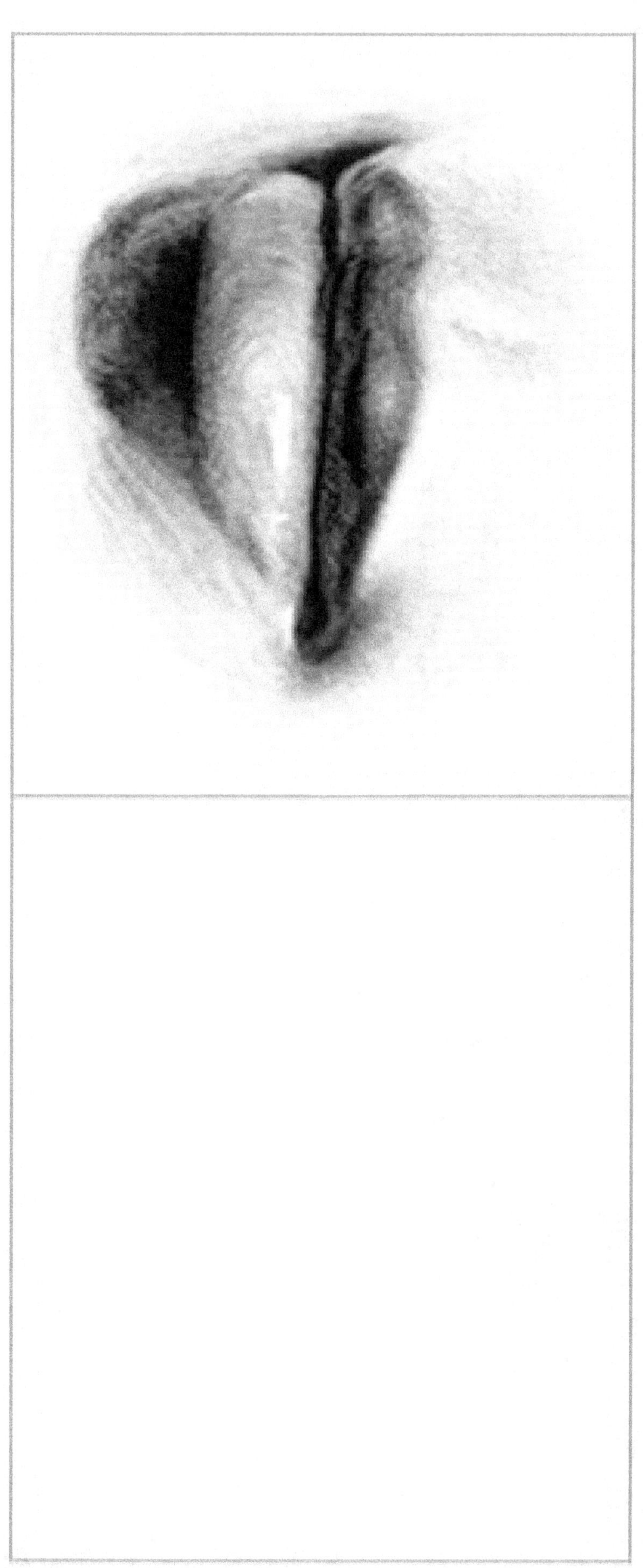

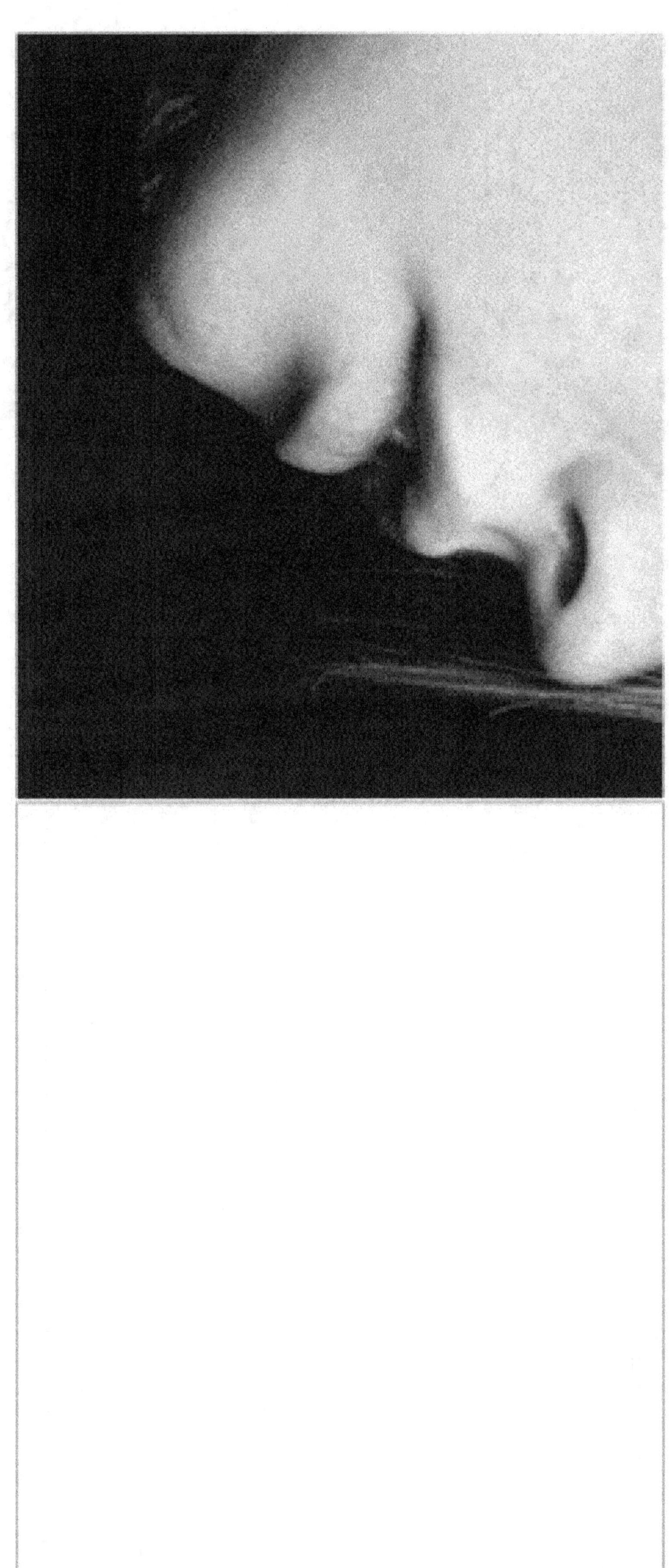

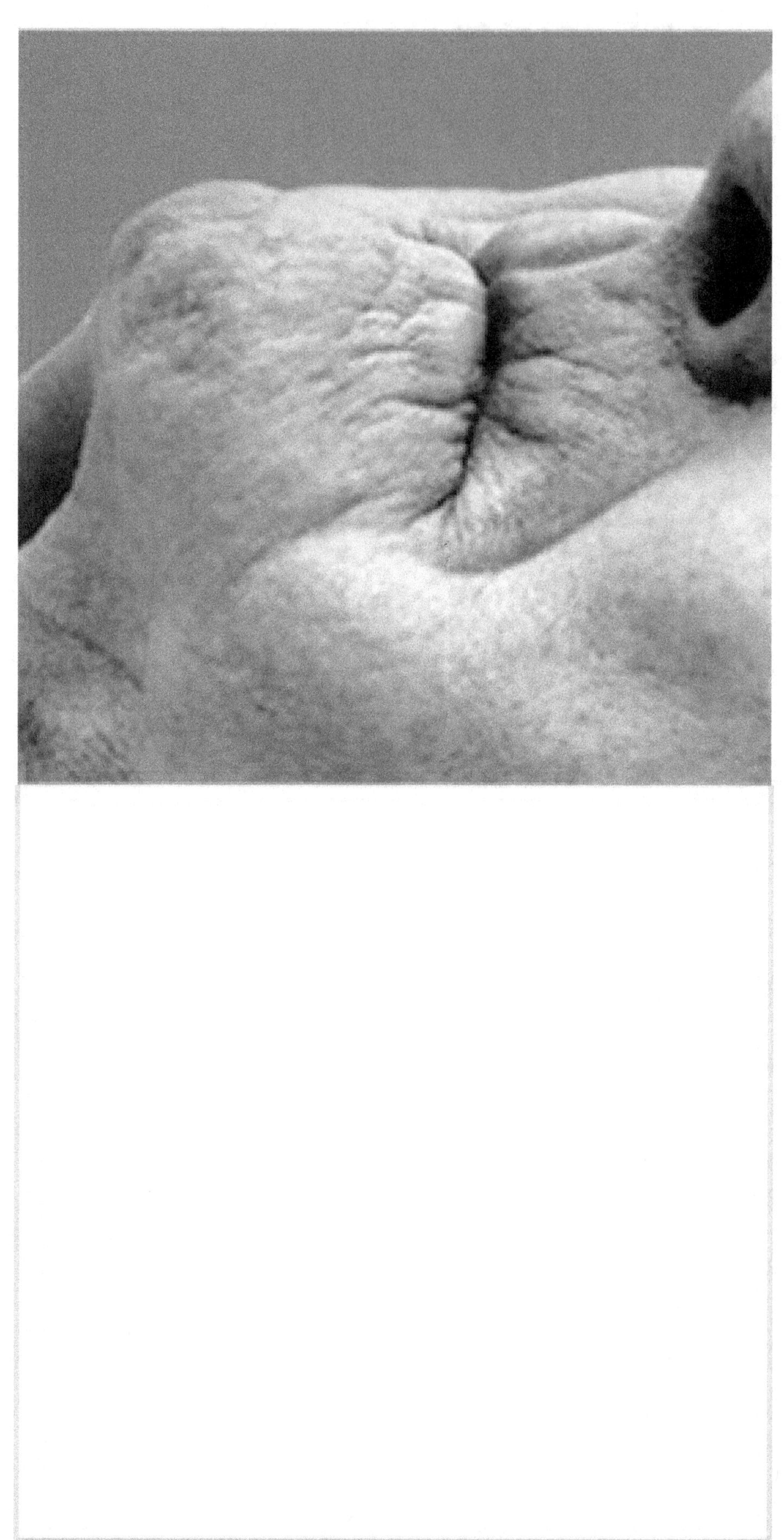